MARTIN

LETTRE
à mon
BARBIER

15 35

LUTHER

Une manière simple
de prier

blféditions

Édition originale publiée en langue allemande en 1535 sous le titre :
Eine einfältige Weise zu beten, für einen guten Freund
Martin Luther
© 1912 • Hermann Böhlaus Nachfolger
In D. Martin Luthers Werke : kritische Gesamtausgabe
[Œuvres de Martin Luther : Édition critique], vol. 38.
Weimar, Allemagne.

Édition en langue française :
Lettre à mon barbier • Martin Luther
© 2017 • BLF Éditions • www.blfeditions.com
Rue de Maubeuge • 59164 Marpent • France
Tous droits de traduction, de reproduction et d'adaptation réservés.

Traduction : Antoine Doriath, E2m
Couverture : Sophie Rantoanina
Mise en page : BLF Éditions
Impression n° 20170279 • IMEAF • 26160 La Bégude de Mazenc

Sauf mention contraire, les citations bibliques sont tirées de
la Bible version Segond 21 Copyright © 2007 Société biblique de
Genève. Reproduit avec aimable autorisation. Tous droits réservés.
Les requêtes du Notre Père son tirés de la *Traduction œcuménique
de la Bible*. Les deux citations du livre d'Ecclésiastique proviennent
de *la Bible de Jérusalem*. Reproduit avec aimable autorisation.
Tous droits réservés.

ISBN 978-2-36249-387-4   broché
ISBN 978-2-36249-388-1   numérique

Dépôt légal 2e trimestre 2017
Index Dewey (CDD) : 248.32
Mots-clés : 1. Prière. Adoration. Culte personnel.
            2. Notre Père. Dix commandements.
            3. Spiritualité. Seizième siècle.

TABLE DES MATIÈRES

MARTIN

15 INTRODUCTION 35

LUTHER

INTRODUCTION

Cher Maître Pierre,

Voici quelques conseils au sujet de la prière. Du moins telle que je la comprends et la pratique. Que notre Dieu t'accorde – à toi et à chacun – de faire encore mieux.

Je peux être un chrétien tiède. J'ai tellement à faire, parfois! Ou je me laisse distraire par mes pensées. Elles m'ôtent si facilement l'envie de prier! (La chair et le diable s'y adonnent sans relâche.) Je prends alors mon petit psautier et je me réfugie dans ma chambre ou, selon le moment, je vais à l'Église. Et je lis à voix basse, comme les enfants, les Dix commandements, le Symbole des apôtres et, si j'en ai le temps, quelques textes de Paul ou des Psaumes.

Il n'y a rien de plus profitable que de commencer et de finir la journée par la prière. Méfie-toi des pensées fausses et trompeuses comme : « Attends encore un peu, tu prieras tout à l'heure. Termine d'abord ceci ou cela ». Laisse entrer de telles pensées un instant et ta journée, emportée par son tourbillon d'activités, se terminera sans que tu aies prié !

Bien sûr, certaines tâches sont aussi bonnes, voire meilleures, que la prière. En particulier celles qui sont indispensables. Jérôme a dit : « Toute œuvre des croyants est une prière » et un proverbe affirme : « Qui travaille fidèlement prie doublement ». Pourquoi ? Parce que le croyant – qui craint Dieu et médite ses commandements – veille à ne faire de tort à personne, à ne rien dérober, etc. De telles intentions et une telle foi font, sans aucun doute, de son travail une prière et un sacrifice d'actions de grâces.

En revanche, l'œuvre d'un incroyant n'est que malédiction. Celui qui travaille tout en étant infidèle à Dieu se rend coupable d'une double malédiction. Comme il méprise Dieu, il pense, dans son travail, à enfreindre ses commandements et à nuire à son prochain. Voilà le fond de ses pensées ! Cette double malédiction, contre Dieu et contre les hommes, se retourne contre lui. Et de tels individus restent finalement des mendiants et des bons à rien. Le Christ est clair dans ses propos : nous avons besoin prier continuellement (Luc 11 : 9-13). Pourquoi ? Parce que nous devons nous garder du péché et de l'injustice, et cela nous est impossible sans craindre Dieu ni garder à l'esprit ses commandements : « Heureux l'homme […] qui médite [la loi de l'Éternel] jour et nuit ! » (Psaume 1 : 1-2).

Veillons à ne pas perdre l'habitude de prier sous prétexte d'avoir des choses plus sérieuses à faire !

Nous finirions par devenir négligents, paresseux, insensibles et lassés de tout. Le diable, lui, n'est ni paresseux ni fatigué dans son combat contre nous. Et notre nature charnelle nous pousse de toutes ses forces à oublier de prier.

Ne te lasse pas de prononcer les paroles du psautier. Elles « échaufferont » ton cœur et tu seras bien disposé. Mets-toi alors à genoux (ou reste debout !), les mains jointes et les yeux tournés vers le ciel. Prie ceci le plus brièvement possible, à voix haute (ou silencieusement !) : « Hélas, Père céleste, Dieu bon, je suis un pauvre et misérable pécheur, indigne de lever les yeux ou les mains vers toi ou de prier. Mais tu as ordonné à tous de prier et tu as promis de nous exaucer ! Tu nous as même enseigné et les paroles et la manière de le faire, par ton cher Fils, notre Seigneur Jésus-Christ. Alors, sur ton ordre, me voici devant toi pour t'obéir, en comptant sur la grâce promise. Au nom de mon Seigneur Jésus-Christ, et en communion avec les saints, avec tous les chrétiens sur la terre, je prie tout le "Notre Père", exactement comme il me l'a enseigné».

Ensuite, répètes-en une partie… ou autant que tu veux.

MARTIN

15 CHAPITRE un 35

LUTHER

Le Notre Père

I.
LE NOTRE PÈRE

1. « Que ton nom soit sanctifié »

Ajoute : « Seigneur Dieu, tendre Père, sanc-
tifie ton nom en nous et dans le monde entier.
Anéantis et supprime les atrocités et l'idolâtrie.
Détruis les mensonges musulmans, catholiques,
et ceux de tous les faux docteurs et des hérétiques.
Ils revendiquent faussement ton nom, en abusent
de façon ignoble et le dénigrent outrageusement.
Ils égarent de nombreuses âmes dans le monde

entier, prétendant que c'est ta parole et le commandement de l'Église. Mais ce ne sont que mensonges et tromperies diaboliques. De plus, ils tuent, répandent le sang innocent et persécutent, pensant ainsi te rendre un culte.

Seigneur Dieu, attire-les à toi et empêche-les d'agir de la sorte. Change ceux qui doivent encore changer, afin qu'avec nous, ils sanctifient et glorifient ton nom, à la fois par une doctrine saine et pure et par une vie sainte et juste. Mais empêche ceux qui persistent d'abuser de ton saint nom, de le profaner, de le déshonorer et de séduire les pauvres gens. Amen ».

2. « Que ton règne vienne »

Ajoute : « Seigneur Dieu, tendre Père, tu vois que les sages et les intelligents profanent ton nom et donnent l'honneur qui t'est dû au mensonge et au diable. Tu leur as donné sur terre force, puissance, richesse et honneur pour qu'ils gouvernent le monde, mais ils s'en servent contre ton règne.

Ils sont grands, puissants et nombreux, gros, gras et repus. Ils persécutent tes enfants qui sont faibles, méprisés et peu nombreux. Ils ne supportent pas qu'ils soient sur terre et s'imaginent te rendre un culte en agissant de la sorte.

Seigneur, divin Père, là encore, attire-les à toi et empêche-les d'agir ainsi! Change ceux qui doivent encore devenir tes enfants. Et qu'ensemble, eux et nous, nous te servions ici, dans ton royaume, avec une foi juste et un amour sincère, en attendant d'entrer dans le règne éternel. Et brise ceux qui continuent d'utiliser leur force et leurs moyens pour détruire ton royaume! Ils seront bien obligés d'abandonner la partie s'ils sont déchus de leurs trônes et humiliés. Amen».

3. « Que ta volonté soit faite sur la terre comme au ciel »

Ajoute : « Seigneur Dieu, tendre Père, le monde ne peut anéantir ni ton nom ni ton royaume, tu le sais. Pourtant, les hommes sont animés des plus mauvaises intentions. Nuit et jour, ils agissent contre ton nom, contre ta Parole, ton royaume et tes enfants, qu'ils cherchent à éliminer. Ils recourent à des stratagèmes machiavéliques. Ils se livrent à bien des intrigues. Ils complotent, ils chuchotent et s'excitent mutuellement. Ils échafaudent leurs plans puis se déchaînent.

Seigneur Dieu, tendre Père, là encore, attire-les à toi et empêche-les d'agir ainsi! Change ceux qui doivent encore reconnaître que ta volonté est bonne! Alors, ensemble, eux et nous, nous nous soumettrons à ta volonté. Et nous supporterons de bon cœur, patiemment et joyeusement, les maux, la croix et l'adversité. Nous reconnaîtrons par là, ta volonté bonne, miséricordieuse et parfaite. Brise ceux qui persistent dans leur fureur, leur déchaînement, leur haine, leurs menaces et leur volonté de nuire! Fais échouer leurs projets et leurs machinations. Que tout cela retombe sur eux, comme le dit le Psaume 7 : 16. Amen».

4. « Donne-nous aujourd'hui notre pain de ce jour »

Ajoute : « Seigneur Dieu, tendre Père, bénis-nous aussi physiquement et matériellement. Dans ta grâce, accorde-nous la paix si précieuse, préserve-nous de la guerre et des divisions. Donne à notre cher Empereur réussite et victoire sur ses ennemis. Accorde-lui sagesse et intelligence pour gouverner dans la paix et le bonheur. Inspire tous les rois, princes et seigneurs afin que leurs territoires et leurs sujets connaissent la paix, l'équité et la justice. Aide et inspire en particulier notre bon souverain, sous la protection duquel tu nous gardes. Protège-le de tout mal, des mensonges et de ses opposants pour qu'il éprouve une grande satisfaction à gouverner en toute tranquillité. Accorde, à tous ses sujets, la grâce de te servir avec fidélité et obéissance.

Donne également à toutes les classes sociales d'être honnêtes et de se témoigner mutuellement amour et confiance. Donne-nous un temps favorable et les fruits de la terre. Je te confie également ma maison, ma ferme, ma femme et mes enfants. Aide-moi à bien en prendre soin, à les nourrir et à les éduquer dans la foi chrétienne. Combats ceux qui veulent m'en empêcher, le Malin et tous les démons. Amen ».

5. « Pardonne-nous nos offenses, comme nous pardonnons aussi à ceux qui nous ont offensés »

Ajoute : « Seigneur Dieu, tendre Père, n'entre pas en jugement avec nous. Aucun homme n'est juste à tes yeux. Nous sommes si ingrats alors que tu nous combles de bienfaits, tant spirituels que matériels : ne nous en tiens pas rigueur ! Pardonne-nous nos péchés et faux pas quotidiens, plus nombreux que nous ne l'imaginons (Psaume 19 : 13).

Ne nous juge pas comme nous le méritons, mais selon ta miséricorde insondable. De cette même miséricorde que tu as témoignée en Christ, ton Fils bien-aimé. Pardonne aussi à tous nos ennemis et à tous ceux qui nous font du mal ou sont injustes envers nous. Comme nous aussi, nous leur pardonnons de tout notre cœur. Par leur comportement à notre égard, ils provoquent ta colère et ils se font du mal à eux-mêmes. Il ne servirait à rien qu'ils meurent, nous préférerions qu'ils connaissent, comme nous, le salut. Amen ».

(Si quelqu'un se rend compte qu'il a du mal à pardonner, qu'il demande à Dieu la grâce de le faire. Mais cette partie relève plus de la prédication.)

6. « Ne nous soumets pas à la tentation »

Ajoute : « Seigneur Dieu, tendre Père, maintiens-nous éveillés, alertes, zélés et appliqués à la lecture de ta Parole et à ton service ! Aide-nous à ne pas devenir arrogants ou paresseux, comme si nous possédions déjà tout ! Sinon, le diable, si féroce, nous attaquerait sans que nous y soyons préparés. Il nous priverait de ta précieuse Parole.

Il susciterait des discordes et des divisions parmi nous. Il nous plongerait dans le péché et la honte, spirituellement et physiquement. Par ton Esprit, donne-nous la sagesse et la force de lui résister vaillamment et de triompher. Amen».

7. «Mais délivre-nous du Mal»

Ajoute: «Seigneur Dieu, tendre Père, cette vie misérable est pleine de détresses et de malheurs, de dangers et d'insécurité, de trahisons et de méchanceté. (Paul, en Éphésiens 5:16, parle de «jours mauvais».) Nous aurions le droit d'être fatigués de cette vie et de désirer la mort.

Mais toi, cher Père, tu connais notre faiblesse. Aide-nous à supporter ces douleurs et cette cruauté. Fais-nous la grâce, au moment venu, de quitter cette vallée de larmes sans appréhension ni doute, en nous remettant en toute confiance entre tes mains. Amen».

MARTIN

CHAPITRE
deux

15   35

LUTHER

Conseils
complémentaires

2.
CONSEILS COMPLÉMENTAIRES

1. Réfléchis à ce que tu pries

N'oublie pas d'insister sur l'«amen» à la fin de chaque requête! Dieu t'écoute attentivement, n'en doute pas! Et dans sa grâce, il répond favorablement à ta prière. Pense aussi que tu n'es pas seul là, à genoux ou debout: tous les chrétiens fidèles sont près de toi. Vous adressez cette prière à Dieu ensemble et d'une seule voix. Il est impossible qu'il la méprise ! N'arrête pas de prier avant de pouvoir affirmer ou penser : « Dieu a réellement exaucé cette prière, j'en suis sûr et certain ». Voilà ce que signifie « amen ».

Sache également qu'il n'est pas nécessaire que ta prière contienne toutes ces paroles. Ce ne serait que rabâchage et bavardage futile. Ne tombe pas dans la répétition machinale, comme nous y incitent les chapelets des laïcs ou les prières des prêtres et des moines. Je désire juste te motiver, t'indiquer les idées à puiser dans le « Notre Père ». Si ton cœur bouillonne pour Dieu et désire prier, il exprimera ces pensées en d'autres termes.

Personnellement, je ne suis pas lié à ces paroles. Je prie aujourd'hui d'une façon, et demain d'une autre, selon les sentiments de mon cœur. Je reste cependant le plus près possible de ces idées et de leur signification. Je m'arrête souvent sur une requête et je néglige les six autres. Laisse toute la place aux bonnes idées qui te viennent à l'esprit, et écoute-les en silence. Délaisse alors les autres requêtes. Car c'est le Saint-Esprit qui te parle. Et une seule de ses paroles vaut mieux que mille de nos prières. J'ai souvent appris plus dans une seule prière que par beaucoup de lectures et de méditations.

2. Prie sans te laisser distraire

Le plus important, c'est que ton cœur soit libre et disposé à prier : « Avant de faire un vœu, prépare-toi et ne sois pas comme un homme qui tente le Seigneur » (Ecclésiastique 18 : 23 – *Bible de Jérusalem*).

Parler sans réfléchir et se laisser distraire pendant la prière, n'est-ce pas tenter Dieu ? Comme ce prêtre qui mêlait à sa prière toutes ses affaires courantes : « Dieu, aide-moi… Valet, as-tu attelé le cheval ?… Seigneur dépêche-toi de me secourir… Servante, va traire la vache !… Gloire soit au Père, au Fils et au Saint-Esprit… Déguerpis, garnement, et plus vite que ça ! ». J'ai souvent entendu et prononcé de telles prières quand j'étais chez les catholiques ; presque toutes leurs prières sont de cette nature. Prier ainsi, c'est se moquer de Dieu. Ils feraient encore mieux de tout arrêter et d'aller s'amuser ! J'ai passé des heures à prier ainsi durant les offices. Je ne savais jamais où j'en étais dans mes prières ! Tous ne tombent pas dans l'excès du prêtre évoqué ci-dessus, mais ils laissent leurs pensées vagabonder. Ils finissent par ne plus savoir comment ils en sont arrivés là. Ils commencent par clamer « Louez Dieu ! » et, en un clin d'œil, se retrouvent à cent lieues de cette pensée. Il n'y a rien de plus ridicule que de jeter pêle-mêle ses idées dans la prière sans se recueillir avant. Mais Dieu soit loué, je le sais maintenant : qui oublie les paroles qu'il vient de prononcer ne prie pas parfaitement. Qui se souvient de toutes les paroles et pensées de sa prière, du début à la fin, prie correctement.

Un barbier habile doit fixer toute son attention sur son rasoir et sur la barbe de son client. Il doit toujours penser à ce qu'il fait. S'il se met à bavarder, à penser à autre chose et à regarder ailleurs, il risque fort d'entailler les lèvres et le nez de son client, voire de lui trancher la gorge! Pour atteindre l'excellence, il faut s'impliquer totalement. Comme on dit: «Qui pense à mille choses ne pense à rien et ne fait rien de bon». À plus forte raison, une prière excellente doit jaillir d'un cœur sans partage.

Voilà, en bref, ma manière habituelle de prier, en m'inspirant du «Notre Père» et du sens de la prière. Aujourd'hui encore, je me nourris du «Notre Père» comme un nouveau-né boit le lait maternel. Comme un adulte, je m'en nourris sans jamais en être rassasié. C'est pour moi la meilleure des prières, plus encore que le psautier (que j'aime pourtant beaucoup). C'est le Maître véritable qui en est l'auteur et qui l'a enseignée. Quoi de plus affreux que de transformer une telle prière, venue d'un tel Maître, en un charabia stérile et répétitif! Dans le monde entier, beaucoup de croyants prient le «Notre Père» des milliers de fois par an. Le feraient-ils pendant mille ans qu'ils n'en auraient ni goûté ni exprimé sa saveur profonde. Bref, le « Notre Père » – au même titre que le nom de Dieu et sa Parole – est, sur terre, le plus grand des martyrs. Chacun le torture et en abuse. Peu nombreux sont ceux qui le consolent et le réjouissent en en faisant bon usage.

MARTIN

15 CHAPITRE *trois* 35

LUTHER

Les Dix
commandements

3.
LES DIX COMMANDEMENTS

Si j'en ai le temps et l'occasion, je passe ensuite aux Dix commandements. Je les récite dans l'ordre afin de maîtriser mes pensées vagabondes (autant que faire se peut). Ainsi libéré, et rempli de la parole de Dieu, je serai prêt à prier. Je fais de chaque commandement une tresse à quatre brins :

- Un enseignement : ce qu'il est réellement. Je réfléchis à ce que le Seigneur me commande.

- Un sujet de reconnaissance.

- Une confession.
- Une requête.

Voici ce que cela pourrait donner.

1. « Je suis l'Éternel, ton Dieu […]. Tu n'auras pas d'autres dieux devant moi »

1. J'apprends que Dieu exige de moi que mon cœur lui fasse entièrement confiance et qu'il désire par-dessus tout être mon Dieu. Que je dois donc le considérer comme tel. Que mon cœur ne doit s'appuyer ni compter sur rien d'autre (possessions, honneur, sagesse, force, sainteté ou n'importe quelle créature).

2. Ensuite, je le loue pour son infinie miséricorde. Il est venu vers moi – un homme perdu – comme un père. Je ne l'ai ni invoqué, ni recherché, ni mérité, c'est lui qui a pris l'initiative d'être mon Dieu, de m'accepter et d'être mon consolateur, mon protecteur, mon soutien et ma force dans

toutes mes détresses. Nous, misérables humains, nous avons cherché tellement d'autres dieux! Nous les chercherions encore s'il ne s'était pas exprimé de façon aussi manifeste et s'il n'avait dit, dans notre propre langage, qu'il veut être notre Dieu. Nous ne l'en remercierons jamais assez.

3. Je confesse et reconnais toute l'étendue de mon péché et de mon ingratitude : durant toute ma vie, j'ai honteusement négligé ce bel enseignement et ce don si précieux. En servant de nombreuses idoles, j'ai lamentablement provoqué sa colère. Je me repens et demande grâce.

4. Enfin, je prie en ces termes : « Seigneur mon Dieu, aide-moi, par ta grâce, à mieux comprendre ce commandement chaque jour. À le vivre pleinement. Aide-moi à ne jamais oublier cela! Garde-moi d'être ingrat. Garde-moi de rechercher d'autres dieux et d'autres réconforts sur terre. Fais que je demeure seulement et simplement auprès de toi, mon seul Dieu. Amen, Seigneur bien-aimé, divin Père. Amen ».

2. « Tu n'utiliseras pas le nom de l'Éternel, ton Dieu, à la légère »

Ensuite, si j'en ai envie ou si j'en ai le temps, je cite le deuxième commandement.

1. J'apprends que je dois glorifier, honorer et respecter le nom du Seigneur. Que je ne dois pas l'utiliser pour maudire, jurer ou mentir. Ni être orgueilleux, ou rechercher les honneurs, chercher à me faire un nom. J'apprends que Dieu me demande de le prier avec humilité, de l'adorer et de le célébrer. La seule gloire, c'est qu'il est mon Dieu, celui qui m'a créé et je suis indigne de servir.

2. Je le remercie pour ses dons merveilleux. De m'avoir révélé et donné son nom. De pouvoir me glorifier de son nom et de me considérer comme son serviteur et sa créature. De pouvoir faire de son nom une tour fortifiée dans laquelle le juste se réfugie et se trouve en sécurité (Proverbes 18 : 10).

3. Puis je confesse l'étendue de mon péché odieux et grave. Durant toute ma vie, j'ai trans-

gressé ce commandement. Je n'ai pas prié le Seigneur ni glorifié son saint nom. Et j'ai manqué de reconnaissance pour ce don. J'ai utilisé son nom pour jurer, mentir, tromper. Je me repens et m'appuie sur sa grâce pour lui demander pardon.

4. Je demande à Dieu son aide et sa force pour obéir à ce commandement. Qu'il me garde de toute ingratitude, de tout abus envers son saint nom. Que je sois – comme il se doit – rempli de reconnaissance, de crainte et de respect pour son nom.

Et, comme je l'ai dit plus haut à propos du « Notre Père » : si le Saint-Esprit t'insuffle des pensées profondes et inspirées, fais-lui l'honneur de mettre de côté tes propres pensées ! Reste tranquille et écoute-le ; il en sait plus que toi. Note et retiens ce qu'il dit. C'est ainsi que tu contempleras les merveilles de la loi de Dieu, comme le déclare David (Psaume 119 : 18).

3. « Souviens-toi de faire du jour du repos un jour saint »

1. Le jour du repos n'a pas été institué pour ne rien faire ou pour s'amuser, mais pour en faire un jour saint. Ce que nous ne pouvons pas faire par nos œuvres et nos actions : elles ne sont pas saintes. Seule, la parole de Dieu est entièrement pure et sainte. Elle seule peut rendre saint tout ce qui lui est associé : temps, lieu, personnes, travail, repos, etc. « [Tout] est rendu saint par la parole de Dieu et la prière » (1 Timothée 4 : 5). Il en est de même pour nos œuvres. Je dois donc consacrer le jour du repos à écouter et à méditer la parole de Dieu, à remercier le Seigneur, à le louer pour tous ses bienfaits, et à intercéder pour moi-même et pour le monde entier. Agir ainsi, c'est faire de ce jour de repos un jour saint. Ne rien faire serait pire que de travailler ce jour-là.

2. Je rends grâce à Dieu pour sa parole et son message, particulièrement pertinents le jour du repos. C'est un grand et précieux bienfait, une

grâce divine. Personne n'est capable d'apprécier ce trésor à sa juste valeur ! Elle est la seule lumière dans nos ténèbres. Elle est parole de vie, parole de consolation et de parfait bonheur. Là où cette parole précieuse et salutaire n'existe pas, il n'y a que ténèbres effroyables et sinistres, erreurs, divisions, mort, malheurs de toutes sortes et tyrannie diabolique. Nous en faisons le constat chaque jour.

3. Je confesse toute l'étendue de mon péché et de mon abominable ingratitude. J'ai toujours profané le jour du repos. J'ai lamentablement méprisé la précieuse parole de Dieu. J'ai été paresseux, peu désireux et fatigué de l'entendre. Pire, je ne l'ai pas désirée ou appréciée de tout mon cœur. J'ai ainsi laissé mon Dieu me parler en vain, j'ai dédaigné ce précieux trésor. Cela, dans son immense bonté, il l'a supporté. Avec toute sa fidélité et son amour de Père, il n'a pas renoncé à me parler et à m'interpeller sans cesse pour me sauver. Je regrette ce que j'ai fait et demande pardon.

4. Je demande à notre cher Père de nous garder dans sa sainte Parole. De ne pas nous l'ôter à cause de notre péché, de notre ingratitude ou de notre paresse. De nous préserver des esprits sectaires et des faux docteurs. D'envoyer, au contraire, des ouvriers fidèles et droits dans sa moisson, autrement dit des pasteurs et des prédicateurs fidèles. De nous accorder la grâce d'écouter, de recevoir et d'honorer humblement leur parole comme étant la sienne, de les en remercier et les louer de tout cœur.

4. « Honore ton père et ta mère »

1. J'apprends tout d'abord à reconnaître en Dieu mon Créateur : il a admirablement façonné mon corps et mon âme et, par mes parents, il m'a donné la vie. Il leur a donné un cœur plein d'amour et ils ont pris soin de moi du mieux qu'ils le pouvaient. Ils m'ont mis au monde, m'ont nourri, ont veillé sur moi, m'ont soigné. Ils m'ont élevé avec beaucoup de zèle, de

soucis, de risques, de fatigue et de peine. Jusqu'à maintenant, Dieu, mon Créateur, a préservé mon corps et mon âme d'innombrables dangers et de détresses ; il m'a souvent secouru, comme s'il me créait tout à nouveau à chaque heure. Car le diable est constamment jaloux de nous savoir en vie.

2. Je rends grâce au Créateur riche et généreux. Par ce commandement, il a fondé la multiplication et la conservation du genre humain, autrement dit la famille et l'État, la vie familiale et la vie politique. Sans ces deux structures, le monde ne survivrait pas longtemps. En effet, sans structure politique, la paix n'existerait pas. Sans paix, la vie familiale serait impossible ; et sans structure familiale, on ne pourrait ni mettre au monde ni élever des enfants. Et les rôles de père et de mère disparaîtraient. Ce commandement est là pour maintenir et protéger les deux structures. Il ordonne aux enfants et aux citoyens d'être obéissants, sous peine de sanctions pour les rebelles. Sans ce commandement, il y a long-

temps que, par leur désobéissance, les enfants (plus nombreux que les parents) auraient anéanti toute organisation familiale. Il y a longtemps que les citoyens (plus nombreux que ceux qui les gouvernent), auraient, par leurs révoltes, détruit les structures politiques. D'où la valeur inestimable de ce commandement.

3. Je confesse et reconnais ma déplorable désobéissance et mon péché. Contrairement à ce que mon Dieu commande, je n'ai pas honoré mes parents. Je ne leur ai pas obéi, je les ai souvent irrités et attristés. Je me suis rebellé contre leur discipline, j'ai pesté contre eux. J'ai méprisé leurs avertissements réguliers. J'ai recherché les mauvaises compagnies, traîné avec des garnements, alors que Dieu maudit de tels enfants désobéissants et les prive d'une longue vie. Beaucoup d'entre eux sombrent et périssent honteusement avant d'être adultes. Qui n'obéit pas à son père et à sa mère se pliera au verdict du juge ou perdra la vie à cause de la terrible colère de Dieu. Je regrette ma conduite et implore grâce et pardon.

4. Je demande à Dieu de répandre abondamment sa grâce sur chacun de nous et sa bénédiction sur les structures familiales et sur les institutions politiques. Ainsi, gardés dans la foi, nous pourrons honorer nos parents et obéir à ceux qui nous gouvernent. Nous pourrons résister au diable et ne pas céder à ses incitations à la désobéissance et aux divisions. Nous agirons pour améliorer les conditions de vie privée et publique et préserver la paix, à la louange et à l'honneur de Dieu et dans notre intérêt. Nous reconnaîtrons ces dons du Seigneur et le remercierons. Je prie pour les parents et les autorités : que Dieu leur accorde intelligence et sagesse dans leur devoir de nous diriger et nous gouverner dans la paix et pour notre bonheur. Qu'il les garde de tout autoritarisme, colère et emportement, pour qu'ils honorent la parole de Dieu ; pour qu'ils ne persécutent ni fassent de tort à personne. Paul nous enseigne que ces bienfaits résultent de la prière (Romains 12 : 12 et 1 Timothée 2 : 1-2). Sinon le diable bénéficie d'une libre entrée, comme le loup dans une bergerie.

Pense à ton propre rôle de père, à tes enfants et à ton personnel. Ton bon Père céleste t'a fait l'honneur de son nom et de sa fonction. Il veut que tu sois aussi appelé « père » et honoré comme tel. Demande-lui, avec sérieux, de t'accorder la grâce et le bonheur de diriger et de prendre soin de ta femme, de tes enfants et de ton personnel. D'accomplir un tel rôle avec foi, comme il le désire. De renouveler ta sagesse et tes forces pour bien les éduquer. De leur donner un cœur bien disposé et le désir de suivre ton enseignement et de t'obéir. Car les enfants et leur prospérité sont des dons de Dieu. Qu'ils soient bien élevés : sans cela, une maison n'est qu'une porcherie, une école de fripons, comme on en trouve chez les gens sans foi ni loi.

5. « Tu ne commettras pas de meurtre »

1. Dieu me demande d'aimer mon prochain. De ne lui faire aucun mal physique. De ne pas me ven-

ger ou lui nuire, en paroles ou en actes, par colère, impatience, jalousie, haine ou autre méchanceté. Je dois au contraire l'aider et le conseiller dans tous ses besoins physiques. En effet, Dieu me commande de prendre soin du corps de mon prochain, comme il commande à mon prochain de prendre soin du mien : « Il leur donna des commandements chacun à l'égard de son prochain » (Ecclésiastique 17 : 14 – *Bible de Jérusalem*).

2. Je remercie Dieu pour son immense amour, ses tendres soins et sa fidélité envers moi. Voici comment il nous protège : en ordonnant à chacun de respecter et de protéger l'autre. Il y veille en punissant les récalcitrants. S'il n'avait pas ordonné et institué cela, le diable provoquerait de tels massacres parmi les hommes que nul ne pourrait vivre une heure en sécurité – comme lorsque Dieu, dans sa colère, punit un monde désobéissant et ingrat.

3. Je confesse et regrette ma méchanceté et celle du monde. Non seulement nous sommes

particulièrement ingrats face à l'amour et aux soins paternels de Dieu, mais, plus ignoble encore, nous ignorons ce commandement et cet enseignement. Nous refusons de les apprendre et nous les traitons avec indifférence ou mépris. Nous poursuivons notre route sans broncher, sans même nous rendre compte que nous n'obéissons pas à ce commandement. Nous méprisons, abandonnons, persécutons et blessons notre prochain. Nous le tuons dans notre cœur, en cédant à la colère, à la fureur et à la méchanceté. Et nous estimons que nos actions sont bonnes et justes! Pleurons et lamentons-nous sur les monstres que nous sommes: des hypocrites, des individus violents et malintentionnés. Nous nous conduisons comme des bêtes féroces. Nous nous piétinons, cognons, griffons, déchirons, mordons et dévorons les uns les autres. Nous ne prenons pas au sérieux ce commandement divin.

4. Je demande à notre tendre Père de nous aider à comprendre ce saint commandement. De nous aider à nous y conformer et à le mettre en

pratique. De nous préserver du Meurtrier, le père de tout meurtre et de tout mal, le diable. De nous accorder sa grâce abondante pour que nous soyons aimables, doux et bienveillants les uns envers les autres. Pour que nous nous pardonnions du fond du cœur, supportant fraternellement les défauts et les imperfections les uns des autres. De nous permettre ainsi de vivre dans la paix et l'unité, comme il nous l'enseigne et nous le demande.

6. « Tu ne commettras pas d'adultère »

1. Dieu attend de moi que je vive chastement, pudiquement et sobrement, tant en pensées qu'en paroles et en actes. Que je ne porte pas atteinte à l'honneur de la femme, de la fille ou de la servante de mon prochain. Et que je fasse tout pour aider mon prochain à les protéger, à préserver leur honneur et leur vertu. Que je l'aide aussi à clouer le bec aux vauriens qui attentent à leur honneur ou le leur arrachent. Et il me faut

aussi aider mon prochain à vivre lui-même tout cela. Voilà ce que Dieu me demande, voilà ce que je dois faire. Et ce que mon prochain doit faire pour moi et pour les miens.

2. Je remercie mon cher et fidèle Père pour cette grâce et ce bienfait. Il prend ainsi sous sa protection nos maris, fils ou serviteurs, nos épouses, filles ou servantes. Il interdit fermement toute atteinte à leur honneur. Il nous protège parfaitement. Celui qui transgresse ce commandement et se soustrait à cette protection est puni. Dieu y veille, il peut lui-même punir. Personne ne lui échappe. Tout coupable devra payer, que ce soit ici-bas ou dans le feu de l'enfer. Dieu nous veut purs ; il ne tolère pas l'adultère. Et nous constatons sa justice tous les jours. Dans sa colère, il entraîne les pécheurs récalcitrants à leur perte. Sinon, face au diable impur, personne ne pourrait préserver sa femme ou son enfant du déshonneur. La débauche et la bestialité régneraient, comme on le constate là où Dieu retire sa main et laisse tout aller à l'abandon.

3. Je confesse l'étendue de mon péché (et celui de tous). J'ai continuellement enfreint ce commandement en pensées, en paroles et en actes. Je n'ai pas été reconnaissant envers Dieu pour ce précieux enseignement et ce don merveilleux. J'ai pesté contre lui, parce qu'il nous a ordonné d'être parfaitement purs et chastes. J'ai méprisé, ridiculisé et réprouvé le mariage. Ces péchés-là sont les plus visibles et reconnaissables d'entre tous : impossible de les camoufler ou de les minimiser ! Je regrette mon péché à cet égard.

4. Je demande à Dieu de nous accorder la grâce d'observer de bon cœur ce commandement. Afin que nous vivions dans la pureté et que nous aidions les autres à faire de même.

***

Si j'en ai le temps ou l'envie, je continue ainsi avec les autres commandements. Comme je te l'ai déjà dit, je ne cherche pas à te lier à ces paroles ou à ces pensées. Je ne te donne que quelques pistes.

Imite-les si tu veux, améliore-les si tu peux! Tu peux méditer tous les commandements, ou seulement un ou deux. Quand nous méditons sérieusement sur un sujet – bon ou mauvais – nous sommes capables, en un instant, de penser à plus de choses que la langue ne peut en exprimer en dix heures! Quelle habile, ingénieuse et puissante capacité! Tu peux donc arriver au bout de ces Dix commandements, avec leurs quatre parties. Il suffit de le vouloir!

7. « Tu ne commettras pas de vol »

1. Qu'est-ce que ce commandement m'apprend? Je ne dois pas prendre, en cachette ou publiquement, quelque chose qui appartient à mon prochain. Je ne dois pas être déloyal ou malhonnête dans mes affaires ou mon service ni acquérir mes biens en fraudant. Mais je dois me nourrir à la sueur de mon front et manger mon pain en toute honnêteté. Je dois aussi veiller à ce que mon prochain ne se fasse pas voler. J'apprends

aussi qu'en ordonnant à autrui de ne rien me dérober, Dieu protège mon bien, comme le Père ferme et aimant qu'il est. Il a fixé la sanction en cas de désobéissance, et l'a confiée au juge. Et si ce dernier ne peut l'exécuter, Dieu s'en chargera lui-même. Il réduira les récalcitrants à l'état de mendiants, conformément aux dictons : «Celui qui, dans sa jeunesse se plaît à dérober, dans sa vieillesse ira mendier» ou : «Bien mal acquis ne profite jamais».

2. Je rends grâce au Dieu bon et fidèle qui nous a donné cet enseignement pour nous protéger. Sans cette protection, personne n'aurait plus le moindre centime ni une miette de pain!

3. Je confesse tous mes péchés et mon ingratitude. Je reconnais mes mauvaises actions, l'aide que je n'ai pas apportée, ma malhonnêteté envers certains, etc.

4. Je demande à Dieu de nous accorder la grâce d'apprendre et de méditer ce commandement. Alors, le vol, les cambriolages, les taux d'intérêt excessifs, la malhonnêteté et l'injustice

diminueront. Ils cesseront totalement, au jour du Jugement, jour que les saints et la création tout entière attendent avec impatience (Romains 8 : 19-23). Amen.

8. « Tu ne porteras pas un faux témoignage contre ton prochain »

1. Dieu nous demande d'être vrais, de ne pas mentir ni calomnier et de toujours chercher à voir le meilleur chez l'autre. Notre réputation sera ainsi protégée, car Dieu punit les mauvaises langues, comme je l'ai déjà dit à propos des autres commandements.

2. Je remercie Dieu pour cet enseignement et la protection qu'il nous accorde ainsi dans sa grâce.

3. Je reconnais avoir été ingrat et coupable durant toute ma vie et je demande pardon. J'ai menti contre mon prochain et je l'ai calomnié. Alors que je devais défendre son honneur et son innocence ! Tout comme j'aimerais qu'il le fasse pour moi.

4. Je demande à Dieu de m'aider dorénavant à observer ce commandement. À parler vrai. À avoir des propos pleins de bonté.

9 et 10. « Tu ne convoiteras pas la maison de ton prochain… la femme de ton prochain, etc. »

1. Je ne dois, sous aucune apparence d'y avoir droit, détourner, dérober, extorquer les biens d'autrui ni ce qui lui appartient. Je dois, au contraire, l'aider à les conserver. Tout comme j'aimerais qu'il le fasse pour moi. Cela nous protège des subtilités et des manigances des sages de ce monde ; ils finiront, de toute façon, par recevoir leur châtiment.

2. Je rends grâce pour ce commandement.

3. Je reconnais mon péché et demande à Dieu de me pardonner.

4. Je demande à Dieu de fortifier ma foi et de m'aider à observer son commandement.

CONCLUSION

Voilà les Dix commandements, abordés sous les quatre aspects de l'enseignement, de la reconnaissance, de la confession et de l'intercession. Avec cela, tu devrais être plus que prêt à prier, bouillant même! Mais fais attention à ne pas tout prendre, à ne pas mentionner trop de choses, pour ne pas te lasser. Une bonne prière ne doit être ni longue ni différée, mais plutôt fréquente et ardente. Concentre-toi seulement sur un point, celui qui fera jaillir une étincelle dans ton cœur. C'est l'Esprit qui le fera. Il t'instruira quand ton cœur vibrera à l'unisson de la parole de Dieu et sera débarrassé de toute autre occupation ou pensée.

Je n'aborde pas ici le Symbole des apôtres ni l'Écriture Sainte, ce serait trop long. Avec l'habitude, tu pourras lire un jour les Dix commandements, le lendemain un psaume ou un chapitre de l'Écriture. Comme un briquet, ces textes feront jaillir un feu dans ton cœur.

La même histoire pour les enfants

Le Barbier qui voulait prier

R. C. Sproul
Illustrations de
T. Lively Fluharty

Valentine est une petite fille qui aime parler à Dieu. Mais elle trouve ses prières bien trop simples, en tout cas pas aussi belles que celles de son papa. Un soir, elle lui demande de lui apprendre à parler à Jésus. Son papa lui raconte alors l'histoire vraie de Maître Pierre, un barbier qui ne savait pas non plus comment prier et qui n'osait pas en parler.

Ce barbier avait un vieil ami du nom de Martin Luther. Un jour, ce dernier se rendit dans son échoppe pour se faire tailler la barbe et couper les cheveux. Maître Pierre prit alors son courage à deux mains et lui demanda des conseils pour mieux prier. En guise de réponse, Martin Luther lui écrivit une lettre. En découvrant cette lettre près de 500 ans plus tard, Valentine apprendra elle aussi à parler à Dieu.

Basé sur l'histoire vraie de Martin Luther et de son barbier, ce texte apprend aux enfants à s'adresser à Dieu. Un texte simple, accompagné de belles illustrations, pour les enfants de 3 à 10 ans.

Retrouvez nos éditions sur
www.blfeditions.com

Découvrez notre catalogue complet sur
www.blfstore.com

 blféditions
Passionné à juste titre

BLF Éditions · Rue de Maubeuge · 59164 Marpent · France
Tél. (+33) (0) 3 27 67 19 15 · Fax (+33) (0) 3 27 67 11 04
info@blfeditions.com · www.blfeditions.com